AF299858

SALOMON

OU LA

POLITIQUE

ROYALE.

A V I S.

SALOMON establit les deux grandes veritez de la justice de Dieu & de l'immortalité de l'ame, comme les deux fondemens inébranlables de la felicité des Estats. Il renferme en peu de mots ce que j'estens icy en de longs discours, afin de le rendre plus intelligible. Le Sage se contente de dire : Dieu jugera le juste & *Eccl. cap* l'impie ; & alors ce sera le temps de toutes choses. Il en tire apres cette consequence, Souvien-toy de ton Createur, *Eccl. cap.* avant que le corps retourne en poudre, & l'esprit à celuy qui l'a donné. Ce sera le sujet du Discours suivant.

Voila, selon Salomon, deux principes indubitables, dont il faut examiner les suites, sans pourtant trop repeter ce qui se dit dans l'Echole sur des sujets si importans; si ce n'est pour faire voir que l'Echole a l'avantage d'avoir esté instruite par Salomon, & qu'elle a enseigné aprés luy les mesmes choses. Ce sage Prince prouve tout, & ne suppose rien : Les autres Legislateurs ne prouvent rien, & supposent tout. Pas un d'eux ne s'est mis en peine de faire monter les peuples par degrez à la connoissance du premier Estre, ny à la reconnoissance de ses bien-faits ; pas un d'eux n'a donné des preuves de la justice de Dieu, & de l'immortalité de l'Ame. Ils ont pris le monde comme ils l'ont trouvé, estant plus attachez à l'interest, qui estoit leur raison d'Estat, qu'à la verité des choses. Salomon qui avoit de plus sublimes pensées, & qui connoissoit mieux la nature du souverain bien, a jugé que la diversité des opinions sur la mortalité ou sur l'immortalité de l'ame, changeoit toute la Morale & la Politique ; & qu'autrement se doit conduire un Monarque qui reconnoist Dieu pour superieur, & croit que la vie presente n'est que l'ombre d'une meilleure qui

la fuit ; autrement un Prince
qui s'entefte des fumées du fie-
cle prefent, & ne pretend rien à
l'eternité.

La Iuftice de Dieu eft une
preuve de l'immortalité de l'a-
me, & l'immortalité de l'ame
eft une preuve de la Iuftice de
Dieu: Il eft de ces grandes veri-
tés, comme des Graces qui ne fe
feparent jamais.

SALOMON

SALOMON

OU

LA POLITIQUE

ROYALE.

DISCOURS

DE LA JVSTICE DE DIEV,

Et comment elle importe à l'établissement
des Empires.

E que la Sageſſe divine a prononcé, qu'il y a deux commandemens de la Loy, dont l'un eſt ſemblable à l'autre ; celuy d'*Aimer Dieu de tout ſon cœur*, & celuy d'*aimer ſon prochain comme ſoy-meſme*, ſe peut appliquer heureuſement à ce que Salomon a dit de

A

la Divinité & de la Justice. Par les divers degrez de perfection des creatures, ce sage Prince est monté à la perfection souveraine du Createur, & de cette perfection souveraine il infere evidemment que Dieu est juste.

De ce que Dieu est juste il en tire cette consequence, que si durant le cours de la vie presente il semble faire peu de distinction entre les méchans & les bons, il doit neanmoins en faire une grande difference apres la mort. Socrate, le divin Socrate, long-temps apres Salomon, affirme positivement, luy qui n'affirmoit presque rien, que le sort de personnes si opposées ne pouvoit pas estre égal, puisque Dieu est juste,

p. 5. v. 8. Certes il est impossible que Dieu soit souverainement parfait, & que Dieu ne soit pas equitable, & partant ce Juge suprême, que dans nostre Ecclesiaste Salomon a mis au dessus des autres, jugera un jour tous les hommes, qu'il ne juge pas maintenant. Que si Dieu s'en est reservé le jugement apres leur mort, c'est bien une entiere conviction, que leur ame est immortelle.

Telle est la doctrine de Salomon, & il faut avoir des yeux & ne pas voir, des oreilles & ne vouloir pas entendre pour dogmatiser comme ont fait quelques ridicules interpretes de l'Ecclesiaste, que ce Sage Prince a douté de l'immortalité de l'ame. Nous verrons cecy en son lieu plus amplement.

On demandera peut-estre ce que cela fait à la Politique ? Plus sans doute que l'on ne peut penser : Car si les puissances du siecle sont une fois convaincuës par le plus sage des Princes, que sur tous les Roys de la Terre il y a un Roy souverain, auquel ils doivent rendre compte : Si les peuples sont une fois persuadez que l'ame de l'homme est immortelle, & dans une attente terrible des jugemens eternels, ny les Roys n'abuseront, à l'oppression de leurs peuples, de l'authorité qui leur est donnée du Ciel; ny les peuples ne se prévaudront de leur nombre & de leur force contre les puissances legitimes. Les uns & les autres demeureront dans une parfaite obeïssance aux loix humaines & aux loix divines, & tous ensemble seront heureux. La societé &

A ij

la felicité civile dépendent de là. C'eſt le but des diſcours ſuivans, où ces deux grandes veritez de la Juſtice de Dieu & de l'immortalité de l'ame ſont ſolidement établies par l'Eccleſiaſte.

Une grande Princeſſe ~~que Propo repreſentoit comme Roy de de la Nue, un Rome~~ qui preferoit la ſcience de regner à la pompe & aux delices de la royauté, me diſoit un jour (je croy que c'eſtoit pour m'éprouver) Qu'il ne faloit point étendre ſes frayeurs au delà de la vie preſente, ny s'inquieter inutilement du long avenir de l'Eternité. Sa raiſon eſtoit que ce qui eſt bon par nature, ne peut jamais faire de mal ; par conſequent on ne doit rien craindre de Dieu apres la mort, puis qu'il eſt la bonté meſme. C'eſt comme ſi on diſoit, luy répondis-je, que les voleurs publics & les aſſaſſins ne doivent rien apprehender des bons Juges. Je ne luy voulus point faire la diſtinction que fait l'Ecole entre le bien phyſique & le bien moral : Je la payay de cette réponſe, & la ſatisfis peut-eſtre mieux par un exemple ſi clair & ſi preſſant, que par tous les raiſonnemens que j'euſſe pû faire. Aujourd'huy je prens une autre conduite. Comme ces Diſ-cours doivent eſtre donnez au public, je ne feray pas ſi concis : Je ſçay qu'il a beſoin qu'on luy rebatte ſouvent les veritez importantes, & qu'on luy repreſente les meſmes objets ſous diverſes formes, pour faire plus d'im-preſſion ſur ſon eſprit. Je ſuivray mon autheur le plus loin que je pourray par les routes les plus grandes & les plus aiſées.

Il eſt bon de remarquer d'abord que la Grece & l'Italie eſtoient encore ido-lâtres quand le plus politique des Roys ouvrit le Temple de la Sageſſe, fondé *Prov. c. 9.* ſur ces colomnes myſterieuſes dont la Theologie a tant parlé : C'eſt de là qu'il prononça des oracles , qui ſont autant de leçons pour les Roys & pour les peuples. Le premier , c'eſt que l'or-dre inviolable du monde eſt tel , que *Eccl. 5. v. 8.* les puiſſances qui s'élevent par degrez les unes au deſſus des autres, en doi-vent reconnoiſtre une ſuprême : Ce qui ne ſe peut faire ſans connoiſtre Dieu & ſans l'adorer. Le ſecond, c'eſt que *Eccl. c. 8.* Dieu eſt juſte, & que ſi l'impieté eſt *v. 16.*

quelquefois dans le fanctuaire, & l'iniquité fur le tribunal, Dieu jugera un
jour le jufte & l'impie: Il en faut tirer
cette confequence, que chaque chofe
a fon temps; alors ce fera le temps de
toutes chofes. Eftendons cecy davantage, & tâchons de nous accommoder
à tout le monde.

Par la dépendance qu'ont les chofes
les unes des autres, ce qui fait l'ordre
& la beauté de l'Univers, Salomon
n'a pas feulement reconnu qu'il y a
une Divinité indépendante; mais il a
reconnu que luy-mefme en dépendoit
avec tous les Monarques du monde.
Du mefme œil qu'il a veu la fuprême
perfection de l'Autheur de la Nature,
il a veu fa providence & fa juftice, il a
veu l'immortalité de noftre ame. Apres
cela ny le foible opprimé par le plus
fort, ny le Temple prophané par l'impieté de fon Pontife, ny le tribunal
de la Juftice deshonoré par l'iniquité
des Magiftrats n'ont point élevé de
murmure en fon ame contre la conduite du Ciel, comme fi Dieu fermoit les
yeux fur l'injuftice des méchans, & bou-
choit l'oreille aux plaintes des juftes.

L'ordre dont Salomon estoit convain-
cu à la seule veuë de la Terre & des
Cieux, luy imprimoit au fond de l'ame
cette pensée, que si Dieu prend soin
de toutes choses jusqu'à la moindre
fleur de nos parterres, à laquelle on
ne peut rien souhaiter pour son entiere perfection : Il est bien éloigné d'a-
bandonner au hasard la vie de l'homme, qui est son chef-d'œuvre. Salomon reconnut que les delices du Seigneur sont d'estre avec les enfans
d'Adam, & par consequent il n'a garde de les mépriser. La voix de l'innocence opprimée sera donc un jour en-
tenduë du Ciel, auquel elle demande
vengeance ; c'est dont il ne faut point
douter : Mais comme le Ciel fait suc-
ceder les saisons les unes aux autres, il
faut attendre le temps. Ce n'est pas à
l'homme de prescrire à Dieu ce qu'il
doit faire, ny à vouloir disposer des
jours & des momens que ce Roy des
siecles tient dans sa main. *Omnia tem-*
pus habent, justum & impium judicabit
Dominus, & omnis rei tempus tunc erit.

Il suffit de cette grande verité ; elle
porte une manifeste conviction pour

tout le reſte. Qui dit Dieu, dit une
ſupreſme Majeſté incapable d'erreur
& de foibleſſe ; Il dit une puiſſance,
une bonté, & une ſageſſe infinie ; Il
dit la Juſtice, & l'Equité meſme. Par
cette idée ſi claire & ſi diſtincte du ſou-
verain Juge du monde Salomon re-
ſout toutes les difficultez de l'eſprit
humain. Quelque violence qui regne
dans les jugemens, quelque calomnie
qui s'attaque à la juſtice & à l'innocence, l'homme de bien eſt aſſuré que
l'oppreſſion ceſſera, auſſi aſſurément
qu'il y a un Dieu, & qu'il eſt juſte.
David avoit la meſme penſée que ſon
fils. *Patientia pauperum non peribit in
finem.* Ces deux Princes également
inſpirez du Ciel, ſouſtiennent également cette verité. Qu'elle eſt conſo-
lante pour les juſtes ; qu'elle eſt terrible pour les méchans ! Diray-je que
cette grande maxime eſtoit une des
bazes de l'Empire de Salomon ? Diray-
je qu'elle eſtoit l'appuy de ſon trône,
comme elle eſtoit la regle de ſa conduite Royale ? C'eſt une de ces leçons
importantes que ce grand Roy fait à
ſes ſemblables : C'eſt un de ces ſecrets

que la Sapience qu'il invoquoit pour
regner luy a divinement revelez. Qu'il
eſt beau de voir briller une ſi vive lumiere ! Qu'il eſt beau de la recevoir
avant qu'elle ait eſté corrompuë, ou
par les fictions des Poëtes, ou par la
ſubtilité des Sophiſtes ! Les uns & les
autres cherchent des ſentiers détour-
nez, & ne prennent jamais le chemin
Royal. Les uns & les autres ont cette
fauſſe imagination, que la raiſon toute ſimple & toute nuë, telle que la
nature nous la preſente, n'eſt pas aſſez agreable & aſſez puiſſante. Quelquefois meſme ces ſages mondains,
ſoit par un laſche & ſordide intereſt,
ſoit par une baſſe & cruelle jalouſie
ont caché la lumiere, qu'ils n'avoient
receuë d'enhaut que pour la communi-
quer à leurs ſemblables. Ils ont connu ^{Rom. 2.}
Dieu, & ne l'ont pas fait connoiſtre.
Ils ont eſté inſtruits de ſa puiſſance,
& ne l'ont pas glorifiée.

Salomon n'en a pas vſé ainſi. Aprés
que par l'ordre ſi conſtant & ſi inviolable de l'Univers, il reconnût la Sageſſe toute-puiſſante qui l'entretient
depuis tant de ſiecles. Il a hautement

publié que l'injustice qui met toutes choses hors de leur place, devoit estre un jour bannie du Ciel & de la Terre, Et qu'enfin la Sagesse seroit justifiée par la bouche de ses enfans. Ce grand Monarque a profité de cette leçon qu'il s'estoit faite en secret, & a voulu que les autres en profitassent : Il s'en est à peu prés expliqué ainsi.

Dés ma plus tendre jeunesse j'ay invoqué la Sapience, & me suis rangé sous sa conduite. Je sçavois qu'elle m'avoit mis la Couronne sur la teste, je luy en voulus faire hommage, & sous le nom de l'Eternel, je luy consacray un Temple dans Jerusalem. Elle m'a revelé tous les secrets de la Nature, & tous les mysteres du Ciel ; elle m'a appris elle seule la vraye politique des Roys. Ce que j'ay sçeu d'elle, c'est ce que je veux vous faire sçavoir. Je n'ay point tenu cachée cette supresme beauté, qui est mille fois plus incorruptible & plus pure, que n'est la lumiere du jour. Je l'ay montrée à toute la terre, aux Roys, & aux peuples, à mes sujets, & aux étrangers. Comme je l'ay receuë gratuitement, je l'ay

communiquée de mesme , sans dissi-
mulation & sans envie. En tout ce que
j'ay dit d'elle aux autres, j'ay toûjours
eu le cœur sur les lévres , mes paroles
& mes pensées ont toûjours esté d'accord : J'aurois eu grand tort d'en vser
autrement. Quand on fait largesse des
tresors de la Sapience , ses tresors ne
s'épuisent pas , ils s'augmentent au
contraire par la profusion que l'on en
fait ; C'est un flambeau qui en allume
un autre sans diminution de sa clarté.
Pour cette raison j'ay fait gloire de de-
clarer genereusement à quiconque me
le demandoit, ce qu'elle avoit de plus
rare , croyant que c'estoit s'élever
au plus haut degré de perfection , où
l'homme est capable d'atteindre , que
de faire du bien à ceux dont on n'en
peut recevoir, & de n'avoir pour re-
compense de son bien-fait que son
bien-fait mesme. Enfin ce que je me
suis proposé dans la Morale & dans la
Politique que j'ay publiées , c'est de
rendre les peuples & les Roys tels que
Dieu les peut demander , pour faire la
felicité des uns & des autres. En quoy
j'oserois dire que tous les Oracles que

j'ay prononcez ont auparavant esté dictez par la Sagesse elle-mesme. Je n'ay fait que les repeter aprés elle sans ostentation, & sans interest.

Cette Politique des-interessée du Roy de Juda estoit veritablement Royale. Il se consideroit moins soy-mesme, qu'il ne consideroit le bien public. La supresme Sagesse qui l'inspiroit, estoit solide & bien-faisante; elle calmoit le trouble des esprits, & les inquietudes du cœur. Par son inspiration ce Roy pacifique convainquoit les ames les plus opiniastres, que si une souveraine intelligence avoit fait le monde, une supresme Justice y presidoit. C'est ainsi que distinguant les lieux & les temps, il eut entrée au Conseil de la Providence, penetra dans le plus lointain avenir, & dans le regne de l'eternité. C'est ainsi qu'il voyoit clairement que le temps ne peut rien dérober à la Justice de Dieu, parce qu'elle est de tous les siecles; & que pouvant faire tout ce qui luy plaist, & quand il luy plaist, l'Eternel ne peut craindre, comme font les puissances de la Terre, que les occasions

...mne quod luit faciet, ...sermo il- ...s potestate ...nus est. Eccl. 8. 3.

luy échapent pour se vanger. Non seulement il est puissant, mais il est la puissance mesme : Il n'est pas simplement Eternel, mais il est l'Eternité. Quel coupable peut fuir le Ciel qui l'environne de toutes parts ? Quelle force peut-il opposer à la voix de l'ancien des jours, dont il ébranle, quand il luy plaist, le Ciel & la Terre ? De quelle nuit assez noire peut-on se couvrir contre les éclairs d'une Justice irritée qui penetre jusqu'aux tenebres de l'Enfer, qui revele les mysteres de l'abysme, & les profondeurs de Satan ? D'autre-part quelle consolation pour les ames justes, qui viendront cueillir le fruit de l'Arbre de vie au milieu du Paradis des delices, d'où les gemissemments & les plaintes, la maladie & la mort n'approchent jamais, & où l'on n'entre-void pas seulement l'ombre des vicissitudes humaines ! C'est là qu'est le veritable regne de cette Sagesse divine, de cette Justice éclairée, de cette Majesté toûjours regnante, qui fera cesser les choses muables, comme n'estant faites que pour un temps. Telle estoit la reflection que

faisoit l'Ecclesiaste, ce royal Predicateur du genre humain ; cet homme à
qui Dieu mesme s'estoit revelé.

Celuy qui a copié tout Salomon
dans son Ecclesiastique , estend davantage la pensée de ce grand Prince
sur la punition des méchans. Dieu ,
dit-il , redouble sa colere à proportion
de sa clemence ; Il est autant severe à
la fin , qu'il a paru misericordieux au
commencement, & sa patience irritée
devient fureur.

Quand il differe sa vengeance , ce
n'est que pour la rendre plus terrible.
Son indignation s'augmente selon que
sa misericorde s'est estenduë. Par sa
longue patience il a attendu nostre
repentir , & donné temps à nos passions de se calmer. Il y a là dessus une
épouvantable Prophetie dans le Livre
des revelations du Disciple chery du
Ciel. Montagnes tombez sur nous, s'é-
criront un jour les impies ; Cachez-
nous à la veuë de celuy qui est assis sur
le Throne ; mettez-nous à couvert de
la colere de l'Agneau. Quoy que la
tempeste n'éclate pas encore, elle est
déja toute preste à tomber , & l'on a

Effundens
eam Domi-
us secūdum
misericor-
diam suam.
Eccl. c. 16.

auſſi peu d'adreſſe à parer ſes coups, que de force à les soûtenir. O malheur, ô aveuglement des hommes ! La pluſpart croyent que le decret immuable de Dieu ne s'executera de long-temps, & ne penſent au compte qu'ils doivent rendre aprés la mort, que ſur le point de mourir. Les Payens ont reconnu ces véritez, & Plutarque a fait des Livres où l'on void ce que l'on avoit veu déja, il y avoit pluſieurs ſiecles, dans Salomon. On y void que Dieu tire le bien du mal meſme, comme on dit que les bonnes loix viennent des mauvaiſes mœurs. On y void qu'il ne ſouffre point de deſordre en un temps, que pour mieux faire éclater l'ordre en un autre. Il faut dire quelque choſe de plus, Dieu ſçait faire ſervir ſes propres ennemis à noſtre ſalut & à ſa gloire : Ce qui eſt d'une force & d'une ſageſſe admirable. Une conduite ſemblable ſeroit le chef-d'œuvre de la Politique des Roys. De là on peut conclure raiſonnablement que s'il y a aſſez de déference dans l'eſprit des ſpectateurs d'une Tragedie, pour faire ſuſpendre leur jugement juſqu'à la fin

Eccl. c. 8.
v. 9.

Longe eſt teſtamétum. Vir inſipiens cogitat hæc. Gr. ἐλατ-τούμενος καρδία διανοεῖται ταῦ-τα.
Eccl. 16.

Salutem ex inimicis noſtris, & de manu eorum qui oderunt nos.
Luc. 1. v. 71.

D. Aug. l.
. de Muf.
. 11.
Cœleftibus
empora fub-
ecta orbem
emporum fa-
rum univer-
a fucceffione
uaft carmini
univerfitatis
confecrant.

D. Paul.
ποιητῆς τῶν
αἰώνων.

Eccl. 11. v. 5.
Ne dederis os
tuum, ut pec-
care facias
carnem tuam,
neque dicas
coram An-
gelo, non eft
providentia.
Heb.
Non dicere
quod error fit.
Gr. ἄγνοια
ἐςι.

de la Piece qu'on reprefente, eftant bien perfuadez que le Poëte ne laiffera pas les grands crimes fans châtiment, ny la haute vertu fans recompenfe : Nous devons bien avoir le mefme refpect pour les œuvres de celuy qui fait tout avec poids, nombre & mefure, & qui, pour en parler avec le Docteur des Nations, eft le Maiftre des fiecles. Ce Poëte admirable, car la force de l'original m'oblige à parler ainfi, ce Poëte admirable en fçait rapporter tous les incidens les uns aux autres, depuis l'origine du monde jufqu'à fa derniere confommation. Juftes & admirables rapports ! que nul efprit humain ne peut affez concevoir ; parce que les hommes paffent trop vifte. Ils ignorent les chofes paffées, & ne peuvent pas prévoir celles qui feront à l'avenir. Ils prennent droit de leur ignorance de dire devant l'Ange du Seigneur, qu'il n'y a point de Providence icy bas, mais l'Ange du Seigneur exterminera ces infenfez. Salomon en parle fi affirmativement qu'il femble eftre déja témoin oculaire de l'eternelle vengeance,

ce, prédite par le premier des Prophetes, par cet homme divin qui fut
enlevé de la terre, parce que la terre
n'estoit pas digne de luy; par cet Evan-
geliste ancien & nouveau du Christia-
nisme; par ce Predicateur miraculeux
du Roy de gloire, par cet insigne Mar-
tyr de la divinité du Messie; en quel
temps? au jour de la revelation des
grands Mysteres; au jour de la chûte
de Babylone, & de son Prince. En ce
grand jour, c'est le Prophete Enoch
qui parle; en ce grand jour, qui sera
celuy de l'Eternité & de la Justice du
Ciel, les méchans seront punis de
leurs crimes. Adama, & Seboim, So-
dome & Gomorrhe, si connuës dans
la Judée, ainsi que leur mer toûjours
fumante, estoient regardées par Salomon comme l'image de l'estang de
souffre où brûleront l'impie, & le
faux Prophete. Il les regardoit déja
comme un exemple visible de ce feu
vangeur qui ne doit jamais s'esteindre,
& que la Justice du Ciel prepare aux
prophanes.

Un homme du siecle qui me trouva
dans la lecture de ce passage, me di-

B

Ecce ven
Dominus
Sanctis milli
bus suis, fac
re judicium
contra om-
nes.
*Epist. cat.
Iud. c. 6. v. 1*

ſoit dernierement ; ſoit que vous enten-
diez parler de la prophetie d'Enoch,
dont voſtre Salomon pouvoit eſtre
mieux inſtruit que nous ne ſommes,
& auquel on peut bien adjoûter quelque foy apres Tertullien, & Origene,
& meſme, à ce que j'ay oüy dire, apres
la tradition des Rabins ; ou ſoit que
ſans cela le bon Salomon vous ſuffiſe:
en bonne foy croyez-vous qu'il ſoit
toûjours bien d'accord avec luy-meſme , & m'expliqueriez-vous bien ces
paroles de l'Eccleſiaſte : *Qui ſçait ſi*
l'ame de l'homme monte en haut , & ſi
l'ame de la beſte deſcend en bas ?

 Ce premier paſſage , luy répondis-
je , qui a eſté le tourment & la tortu-
re des Interpretes , & auquel on a donné tant d'interpretations embaraſſées,
eſt ſi clair par luy-meſme, ſi on prend
garde à ce qui devance , & à ce qui
ſuit , que l'on ne peut pas douter que
Salomon s'eſtant fait la meſme diffi-
culté que ſon pere ſe fit autrefois, n'y
ait fait auſſi la meſme réponſe.

 David s'eſtonne quelque part de ce
que l'homme ayant eſté creé dans
l'honneur , n'a pas bien reconnu la

grandeur de son origine. Il s'est abaissé
au dessous des bestes, apres s'estre ren-
du semblable à elles par l'intemperan-
ce des plaisirs brutaux. Quoy qu'il fust
libre & raisonnable, il s'est asservy à
de brutales passions, Il a effacé le caractere dominant qui l'approchoit si
prés des Anges, & l'élevoit au dessus
de la Nature. C'est ce qu'il dit encore
ailleurs : *Gardez-vous bien de faire comme
les mulets & les chevaux qui n'ont point
d'entendement.* Salomon marchant icy
sur les pas du Roy son pere, previent
les dangereuses maximes des ignorans
& des malins, par cette verité constan-
te dans l'Ecclesiaste, que Dieu jugera
un jour le juste & l'impie, & que si le
siecle present est le temps de sa misericorde, le siecle futur sera celuy de sa
justice.

Il en est en quelque sorte comme
des Roys à l'égard de leurs hauts Of-
ficiers : Ce n'est pour l'ordinaire qu'à
la fin de la Campagne qu'on les oblige à rendre compte de leurs emplois.
Que si les Souverains se sont quelquefois vangez de la trahison des Chefs au
milieu mesme de leurs armées, cela est

bien rare. Ces grands coups d'authorité ne se font qu'aux dernieres extremitez. Ainsi Dieu frappe quelquefois
de mort subite les Monarques enor-
gueillis au milieu des acclamations in-
teressées, & des vains applaudissemens
de leurs flateurs.

Quoy qu'il en soit, les ames vulgai-
res qui ne veulent croire que leurs sens,
auroient grand besoin, comme dit Salomon, d'estre illuminées d'enhaut sur
la question qu'elles se font si souvent
les unes aux autres, & sur ce discours
qu'elles tiennent ensemble : *Qui sçait
si l'ame de l'homme monte en haut, &
si l'ame de la beste descend en bas ?* Tel
est l'original mot pour mot. Que si les
Interpretes ont plus embarassé qu'expliqué un si important passage, leur
defaut n'est pas celuy de Salomon.

Le motif qui l'oblige à faire un sou-
hait si charitable, c'est que faute de
lumiere, les hommes du commun se
mettent au rang des animaux, & se
dégradent eux-mesmes. Ils voyent que
l'homme & la beste ont une mesme
naissance, une mesme vie, une mesme
mort; Ils concluent & concluent mal,

Act. c. 12.

Hebr. benei dam, des [h]ommes de [te]rre & de [bo]uë, appel-[le]z par Da-[vi]d Terrige-[n]e: à la diffe-[re]nce de, Be-[ne]i Isch. C. [le]s hommes [ill]ustres, & [le]s person-[ne]s éclairées. [P]sal. 48.

qu'il n'y a donc point entre-eux de difference. Ils ne s'apperçoivent pas que
c'eſt une épreuve que Dieu fait de
l'homme pour ſçavoir s'il ſçaura bien
diſtinguer entre la vie animale, & la
vie ſpirituelle ; entre ce qui ne vit que
ſelon les ſens, & ce qui doit vivre ſelon
la raiſon.

Il eſt vray que l'homme & la beſte
reſpirent & expirent de meſme façon :
Ils ſont les uns & les autres compoſez
de chair & de ſang ; Ils ont une ratte,
un cerveau, un cœur, & un foye : Ce
feroit un prodige, ou une faveur extraordinaire du Ciel, ſi l'homme paî-
try de boüe & d'argile n'eſtoit point
un animal corruptible ; C'eſt là ſon
genre : Il eſt donc ridicule de s'eſton-
ner que l'homme & la beſte convien-
nent en ce qu'ils ont de ſemblable.
C'eſt à cela pourtant que le vulgaire
s'arreſte lors qu'il devroit aller plus
loin, & paſſer juſqu'à la difference eſ-
ſencielle ; juſqu'à ce qui fait que l'homme eſt homme ; juſqu'à ce qui le diſtin-
gue de la beſte. Mais où ſont les gens
capables de trouver, comme diſoit
Socrate, la diſſemblance aux ſujets

B iij

semblables, & la ressemblance en ceux qui sont opposez ? Il n'y a que le Philosophe, Il n'y a que le vray Sage, & non pas le Sage mondain. Qui sçait mesme à fond ce que c'est que genre & que difference ? Et toutefois c'est là dessus que la Nature a fondé l'ordre different des choses, & la diversité des especes. C'est là dessus que les Sages ont triomphé de l'ignorance du vulgaire, & trouvé la solution du problême. Salomon le dit nettement: *Quis talis ut sapiens est ? quis cognovit solutionem verbi ?*

Il est à propos de remarquer que cette curieuse demande, *Qui sçait ce que devient l'ame apres la dissolution du corps ?* ne veut pas dire absolument que l'on ne trouve personne qui le sçache ; Mais veut simplement dire qu'il y a peu de personnes qui soient capables de le sçavoir. On trouve mille exemples de cette façon de parler dans l'Ecriture, & l'Apostre qui disoit apres un Prophete, *Seigneur, qui des hommes a crû à nostre Predication ?* ne doutoit pas pour cela de la foy des ames fidelles, soit à Rome, soit à Corinthe. Il vouloit di-

Eccl. c. 7.
v. 30.
Hebr. Interpretationem
verbi. Peschar Davar.

re seulement ce qu'avoit dit auparavant son divin Maistre , qu'il y avoit
beaucoup d'appellez & peu d'éleus.
Salomon demesme n'a jamais douté
de l'immortalité de nostre ame , mais
il a crû qu'une si grande verité n'estoit
penetrée que du Sage , à qui seul il est
donné d'approfondir les mysteres de la
Nature.

Un Roy si illuminé voyoit bien que
l'homme se nourrit comme les plantes,
& qu'il seche comme les fleurs. Il ne
pouvoit ignorer que l'homme & l'animal estoient également sujets à la
mort : Mais il ne s'arrestoit pas là, il
passoit plus avant , il entroit dans le
Sanctuaire de la Sapience , & trouvoit
que la creature raisonnable portoit l'i-
mage immortelle de son Createur,
C'est sur ce fondement que ce sage *Eccl. 12. v*
Prince a fondé sa distinction entre le
corps & l'esprit. Il les a separez l'un de
l'autre à peu prés comme on separe-
roit le mortel de l'immortel, & le Ciel
d'avec la Terre. Il a conclu par là son
Ecclesiaste, & par là consolé les belles
ames de tous les malheurs qui leur arrivent. Il en avoit insinué quelque

chose ailleurs, où il fait consister la felicité d'icy bas à gouster tranquillemēt
le fruit de ses honnestes labeurs, & à
bien faire, tant pour l'une que pour
l'autre vie. C'est le sens de l'original,
& si je ne me flate point trop dans
l'interpretation que j'y ay donnée, je
découvre je ne sçay quoy dans le tex-
te de Salomon de si mysterieux & de si
grand, qu'il me semble que ce Prince a
esté en cela le modele des Princes
Chrestiens. On sçait que la fin qu'ils
se proposent en regnant, n'est pas seulement cóme celle des Princes Payens,
de maintenir la paix & la concorde
parmy les peuples, pour les faire icy
bas joüir d'une vie heureuse & tran-
quille, sans aspirer à rien de plus; Ils
ont pour but principal la felicité de la
vie future, à qui le bon-heur de la vie
presente ne sert que d'acheminement
& de passage. David avoit la mesme
pensée, quand pour publier eternellement les obligations eternelles qu'il
avoit à Dieu, il faisoit vœu de le loüer
dans cette vie & dans l'autre. Cela
seul pourroit confondre l'heresie des
Sadducéens, qui disoient que dans

l'ancien Testament il n'est point parlé de l'autre vie : Ce que nous examinerons ailleurs. C'est assez maintenant de l'authorité de David, & de celle de Salomon ; C'est assez que l'un & l'autre ne bornent pas leur felicité aux plaisirs & aux honneurs de la vie presente ; quoy qu'ils reconnoissent tous deux qu'en loüant le Seigneur comme l'autheur de tous les biens, on peut estre heureux icy bas, & joüir tranquillement du fruit de ses peines.

Cette exposition que l'on a donnée à ce passage de Salomon si peu entendu du vulgaire, est solide & veritable; Et quiconque a bien examiné le commencement, le milieu, & la fin de l'Ecclesiaste ; Quiconque aura pris plaisir à voir le juste rapport de ses parties, trouvera que selon Salomon, desabusé de toutes les vanitez du monde, le solide plaisir, & le vray secret de la vie, est de se réjoüir honnestement des fruits de son travail, & de reconnoistre que cette joye est un don de Dieu: C'est la felicité du Sage icy bas ; mais cela n'empesche pas qu'il ne songe à la vie future : Tout au contraire, de ce

Labores manuum tuarum quia manducabis : beatus es, & bene tibi erit. Psal. 127. v. 2

qu'il sacrifie à Dieu, comme à l'autheur de ses biens, & de ce que Dieu
reciproquement le prévient de ses fa-
veurs, c'est le moyen de passer heureu-
sement d'une felicité à l'autre, & du
temps à l'eternité. C'est le moyen
d'estre par tout, & toûjours heureux.
Cette maxime est repetée plus d'une
fois par Salomon; & quand il dit que le
partage de l'homme est de goûter tranquillement le fruit de ses peines, & de
joüir de sa fortune: Salomon n'est pas
contraire à luy-mesme, il blâme seulement les soins inutiles de ceux qui
perdent l'usage des biens presens par
la crainte de l'avenir. O malheureuse
Sagesse qui se défie de la Providence,
& laquelle s'afflige des maux qui n'ar-
riveront pas!

A ne rien dissimuler, il me semble que
l'homme s'est embarassé d'une infinité
de questions qui pourroient se resoudre
d'elles-mesmes, pour peu que l'on eust
de bon sens. Que dirons-nous davantage? Salomon a finy par cet avis salutaire, Avis le plus important de tous.
*Eccl.12.v.1. Souvien-toy de ton Createur dés ta jeunes-
se, & n'attend pas que ta vie soit usée*

pour te preparer à la mort.

Apprend que la jeunesse & la volupté
sont choses vaines ; & que lors que
Dieu appellera en jugement toutes nos
actions passées, la grandeur & les delices du monde ne seront plus que songe,
& qu'illusion ; *Vanitatis arguentur præ-*
terita. *Eccl. c. 11.*
v. 9.

Eccl. 11. v.

Le Philosophe de Cour dont je vous
parlois tantost, parut satisfait de ma
réponse ; mais il ne l'estoit pas d'un autre endroit de l'Ecclesiaste, où il assu-
re, *Que les mesmes choses arrivent à ceux*
qui ne sacrifient pas, & à ceux qui sacri-
fient. Il n'en demeure pas là ; il adjoûte,
luy repliquay-je, *que le juste est souvent*
persecuté, à cause mesme de sa justice. J'o-
serois dire que l'esprit des Prophetes
avoit alors saisi Salomon, & luy faisoit
voir plusieurs siecles avant qu'elle ar-
rivast, la mort du Juste par excellence. *Sap. c. 2.*
Il luy representoit la passion de l'Hom-
me de douleurs, & du Chef des pre-
destinez, dont la criminelle Jerusalem
n'a pû supporter l'innocence. *Il gue-*
rissoit les malades, il illuminoit les aveu-
gles, il evangelisoit les pauvres, il resusci-
toit les morts: Ne diroit-on pas que tou-

tes les bouches ne pouvoient avoir affez de loüanges, ny les mains affez
d'encens, ny les cœurs affez de recon-
noiffance pour ce bien-faicteur du genre humain ? Sçavez-vous ce que dit là
deffus l'Hiftorien de fa vie : *Bien-heu-*
reux celuy qui n'en fera point fcandalifé.
C'eftoit pourtant le feul homme Jufte,
parce que c'eftoit le feul homme Dieu.
L'enfant d'un jour n'eft pas innocent,
& les Anges ne font pas purs devant
luy. Cependant puifque ceux qui facrifient, & ceux qui ne facrifient jamais ont fouvent la mefme fortune, on
peut dire qu'il n'eft donc pas vray que
le vice triomphe par tout, & que par
tout la Juftice eft opprimée. Dieu fait
lever le Soleil fur les bons, & fur les
méchans ; les biens du corps & de la
fortune font communs aux uns & aux
autres ; le crime n'eft donc pas le feul
heureux. On fçait que le diadême a
quelquefois efté le prix de la trahifon,
mais on fçait auffi que la roüe en a efté
fouvent le fupplice.

Adjoûtez que cette difpenfation des
biens & des maux, laquelle eft égale
aux uns & aux autres dans une vie fi

inégale, eſt ce qui perſuade à tous ceux qui raiſonnent juſte, que l'execution de l'entiere & de la pleine juſtice de Dieu eſt reſervée au ſiecle futur. Que les ames baſſes ſe faſſent tant qu'il leur plaira de magnifiques idées des richeſſes, & des honneurs: Nulle felicité mondaine ne peut eſtre le prix, ny d'une haute Sageſſe, ny d'une éminente vertu. Nulle miſere preſente ne peut eſtre la punition des grands coupables. Quand Dieu punit, quand Dieu recompenſe, il punit, & il recompenſe en Dieu: C'eſt à dire infiniment: Sa Juſtice s'eſtend ainſi que ſon regne, & ſa puiſſance au delà de l'Eternité. *In æternum, & ultra. Là où l'arbre tombe une fois, il y demeure toûjours.*

Voila ce qui tient l'Univers en attente du Jugement dernier, lequel rectifiera toutes choſes: Voila où Salomon nous renvoye, comme nous l'avons dit tant de fois.

Il reſulte des inſtructions d'un ſi grand Monarque, que la recompenſe & la peine ſont les deux points ſur qui Dieu fait rouler toute la machine du monde. C'eſtoit, ſi je ne me trompe,

les deux divininez de la Republique
de Platon. C'eſtoit auſſi la penſée de
Hieroclés, qui diſoit que ce n'eſt pas
un moindre crime de ne pas reconnoiſtre la Juſtice de Dieu, & ſa Providence, que de ne pas reconnoiſtre de
divinité.

Les Grecs, & les Barbares, les peuples circoncis, & les Nations incir-
conciſes ont eſté d'accord ſur ce point,
Et quand la Reyne du Midy vint du
fond de l'Ethiopie, & de la ſource du
fleuve qu'on appelle Abani, c'eſt à dire
le pere des Eaux, pour conſulter la Sageſſe de Salomon. Elle fut pleinement
inſtruite de la Providence & de la
Juſtice de Dieu, Elle quitta la grande Iſle de Meroé, ou ſon Royaume
de Goïam, que le Nil environne preſ-
que de tous coſtés, pour ſe rendre
par le Golphe Arabique en la Cité
ſainte, où elle fut heureuſement conduite par l'Ange Vriel. Ce nom, qui ne
ſignifie que lumiere & que feu, prouve aſſez l'ardeur du zele, & la beauté
de l'ame de cette Princeſſe, qui ſui-
voit les inſpirations de ſon conducteur.
N'en parlons pas davantage, il la faut

oüir parler elle-mesme : *Verus est sermo quem audivi in terra mea super sermonibus tuis & super sapientia tua.* Mais qu'est-ce que la sapience dont l'Histoire Sainte nous parle, si ce n'est la connoissance des veritez les plus sublimes par les principes les plus relevez ? si ce n'est la lumiere de l'Esprit de Dieu manifestée aux ames pures ? si ce n'est la contemplation de ce qui est de plus adorable, & de plus saint, unie à la pratique des Vertus, & principalement de la Justice, qui est la vertu des Roys ?

Cette divine clarté reflechie de l'entendement de cette Princesse sur son cœur, l'échauffa tellement d'un feu celeste, qu'il la fit se recrier en parlant au Roy Salomon, comme par une espece d'enthousiasme ; Ah que les Princes ! ah que les Ministres sont heureux qui vous servent, & qui vous écoûtent ! Que le Dieu que vous adorez, & qui a tant de complaisance pour vous soit aimé de toute la terre : Qu'il soit beny mille fois de ce qu'il a fait de vostre Thrône un Tribunal de justice, où l'on reçoit les requestes des affligez, où l'on fait droit à tout le monde, *Sit Dominus tuus dilectus cui complacuisti, & posuit te super thronum Israel, ut faceres judicium & justitiam.*

Qui peut douter apres cela de la felicité du regne de cette Reyne d'Ethiopie, & de la salutaire instruction qu'elle donna à ses enfans, dont la posterité est venuë jusqu'à nous ? Elle estoit pleine de l'Esprit de Dieu ; Elle alla en répandre les lumieres aux extremitez du monde. Tous les eloges qu'on luy pourroit jamais donner sont renfermez en celuy-cy comme dans dans le centre de sa grandeur, comme au plus haut point de sa gloire : Le Fils de Dieu pour confondre eternellement la Synagogue des Juifs, la renvoye à l'exemple de cette Reyne.

Je ne sçay pas si je me trompe, car il m'est assez ordinaire de me tromper, mais il me semble que les sçavants Hebreux qui ont gardé, à ce qu'ils disent, de si precieux monumens de la sainte antiquité, devroient bien avoir gardé quelques memoires de ces grandes & importantes questions que fit la Sage Nicolis, avec quelques-unes

des

des belles réponses que luy rendit Salomon. J'ay consulté autant que j'ay pû ces fils du Sçavoir, comme les appellent les Orientaux, j'ay fait le cercle, j'ay dit les paroles qu'il faloit dire, mais l'esprit n'a point paru, & les Oracles ont esté muets. Que deux ou trois pages des entretiens de Salomon & de la Reyne de Saba auroient plû aux Roys & aux Reynes! Que de joye pour eux de puiser dans de si royales sources, & de verser ensuite leurs benedictions sur toute la terre! Que de splendeur & de magnificence pour leur regne! de sçavoir de leurs semblables, de ces Interpretes de Dieu mesme, comment il est de la Justice divine de recompenser & de punir, comment il est de la Sagesse d'en connoître le lieu & le temps.

Apres ces importantes observations oseray-je, pour contenter la curiosité de quelques Sçavans polis qui m'en ont prié, faire valoir icy les agréemens & la politesse de la Reyne de Saba? Diray-je, en me détournant de mon chemin pour le reprendre bientost, ce que je sçay d'une autre cabale

C

que celle des Juifs, & qui n'eſt peut-
eſtre pas à mépriſer? C'eſt une digreſ-
ſion, je l'avoüe, mais toutes les di-
greſſions ne déplaiſent pas; & ſi je peche contre l'art, j'y peche volontaire-
ment pour divertir un peu mes Le-
cteurs apres une trop longue application.

On raconte qu'entre les raretez
dont la Reyne des Abyſſins fit preſent au Roy de Juda, elle fit apporter un jour pluſieurs bouquets de fleurs
meſlées enſemble, dõt les unes eſtoient
veritables, les autres eſtoient contre-
faites. L'art y avoit ſi bien imité la nature, qu'il trompoit également & l'o-
dorat, & la veuë; la main meſme ne
les diſcernoit pas au toucher. Salomon ſe promenoit dans ſa maiſon du
Liban, qui pour ſa royale & ſon in-
genieuſe magnificence eſtoit alors à
ce Prince, ce qu'eſt maintenant à
Loüis Quatorziéme ſa delicieuſe Maiſon de Verſailles. Diſtinguerez-vous
bien, luy dit la Princeſſe, les lys &
les jaſmins naturels de ceux qui ne le
ſont pas? Les Ethiopiens, luy dit le
Prince, auroient peut-eſtre de la pei-

ne à faire ce difcernement ; mais icy
tout eft fçavant jufques aux Infectes,
ils vous éclairciront fur le champ. En
difant cela, il s'approche des parterres les plus fleuris, où les papillons &
les abeilles voloient & revoloient de
tous coftés. Il fit mettre les bouquets
fur des gazons. Vous fçavez déja
l'explication de l'enigme. Ces inno-
cens picoréurs ne fe tromperent point
aux apparences ; ils ne s'arreftereņ
que fur les veritables fleurs.

On rapporte encore je ne fçay quoy
d'approchant. Un matin la Reyne en-
tra dans la chambre de ce grand Roy,
menant à fa fuitte fix jeunes garçons
& fix jeunes filles de mefme grandeur, de mefme taille, de mefme poil,
avec des veftes de mefme façon : Elle
les offrit à fon fervice, & le pria de
leur donner des emplois felon la bien-
feance de leur fexe. A l'inftant Salomon fe fit apporter de ces vafes d'or,
& de ces baffins enrichis de pierreries,
que l'Hiftoire de fon regne a tant ce-
lebrez. Apres qu'on y eut verfé des
eaux de fenteur, il fit figne à cette
belle troupe de fe laver les mains &

C ij

le visage. Une partie de ces enfans ne marchanda point ; l'autre plus honteuse & plus retenuë s'arresta quelque temps de crainte de gaster son teint, & ne toucha l'eau que du bout des doigts. Vous voyez bien, dit Salomon à la Reyne de Saba , qu'on déguise en vain la nature , & que l'artifice n'est pas de durée.

Que cela soit vray ou non , fable ou histoire , apres avoir acquitté ma promesse , je reviens à mon sujet.

Comme il n'y a rien de si sacré que l'impieté ne profane , rien de si pur qu'elle ne corrompe ; quelques railleurs de Cour ont dit autrefois que si la cause de la Justice estoit la cause de Dieu , comme on n'en peut pas douter , les Magistrats & les Princes n'avoient qu'à le laisser faire, & à s'en reposer sur sa Providence.

Ils ne sçavoient donc pas, ou ils ne vouloient pas sçavoir , que Dieu est assis au milieu des Dieux ; c'est à dire des Roys & des Juges : Ils ne sçavoient pas que s'ils manquent à faire leur charge , les plus puissants seront le plus puissamment tourmentez : *Iudi-*

cium duriſſimum his qui præſunt fiet.

Ces Courtiſans corrompus ne diſoient pas à leur Prince, que Dieu ne châtie pas ſeulement les Puiſſances pour leurs propres pechez, mais pour les pechez de leurs peuples. Ils ne leur diſoient pas que le nom de Monarque n'eſt pas un nom de plaiſir & de volupté, mais un nom de commandement & d'empire.

Un Roy n'eſt pas proprement Roy quand un autre regne en ſa place, quand il n'eſt pas digne de regner. Il faut qu'il prévoye de loin, ſoit au dedans, ſoit au dehors de ſon Eſtat, tout ce qui en peut troubler le repos. Sans conſulter les Eſtoilles, comme ont fait tant de Potentats ſuperſtitieux, il doit lire l'avenir dans l'hiſtoire des choſes paſſées, & prévoir dans leurs cauſes les ſeditions & les revoltes cauſées par les diverſes factions, par l'avarice & la corruption des Magiſtrats, par les deſordres & la licence de la jeuneſſe, par l'eſprit de domination qui monte à la teſte des Grands, à qui un peu de moderation eſpargneroit de longs déplaiſirs ; par l'élevation des gens de

Si aſcenderit Spiritus potétis ſuper te, Eccleſ. c. 10.

peu, & pour la naiſſance & pour le
courage, ils tiennent la place des
Princes, mais ils ont plus d'orgueil &
de faſte, que de veritable grandeur;
par le murmure des foux qui décrient
le gouvernement des plus ſages, &
décident en Maiſtres des choſes qu'ils
n'entendent pas; par la precipitation
de ces chaſſeurs emportez, qui vont
eux-meſmes donner dans les filets, qui
rompent les vieilles hayes d'où ſort
l'aſpic qui les bleſſe, & ſe prennent
aux pieges qu'ils ont tendus; par les
caprices de ces entrepreneurs indiſ-
crets, qui ne meſurent pas leurs for-
ces avec les machines qu'ils remüent,
& qui tombent avec les maſſes de
pierre qu'ils font tomber; par l'im-
prudence de ces mauvais Jardiniers, qui
ébranchent les plus beaux arbres, au
lieu de les émonder; Ils coupent des
bois noüeux où le fer s'émouſſe, &
quand la pointe en eſt une fois rompuë,
il eſt de peu d'uſage entre leurs mains,
encore y faut-il bien du temps & de
l'induſtrie; Par les calomnies privile-
giées & ſemblables aux bleſſures mor-
telles qui devancent le ſiflement des

serpents, il n'y a pas moyen de les charmer, & ils ne donnent point de prise au sage enchanteur. Voila le mal qu'il faut éviter ; voicy le bien *Prov. c. 3* qu'il faut faire. Il y a trois animaux *v. 29.* qui marchent glorieusement sur la terre, & qui sont faits pour commander ; le lion, le belier & le coq ; La force & la generosité de l'un ; le soin & la conduite de l'autre ; l'ardeur de combattre pour les siens, & la vigilance du troisiéme donnent des exemples aux plus grands Princes, qui comme d'habiles bergers ne tirent pas le lait de leurs troupeaux jusqu'au *Ibid.* sang, parce qu'il faut vivre plus d'un jour. Tout cela est difficile, je l'avouë, mais tout cela forme les grands Roys: Tel est le caractere des vrays Monarques. Ce n'est pas seulement le Sceptre, le Trône & la Couronne qui distinguent les Princes de leurs sujets, C'est la sollicitude, la vigilance, la conduite, la sagesse, la prudence, la valeur, & la magnanimité, la pieté, & la Justice. Il n'y a rien de plus aisé que de faire un Roy de Theatre avec le Manteau royal & le Diadesme ; Mais pour cela

C iiij

on ne luy donne pas les vertus royales. Il en faut tant, & c'est une chose
si rare, qu'un Prince qui s'acquitte
dignement du devoir de la Royauté,
un Prince qui n'ait pour but que la
gloire de Dieu & la felicité de ses
peuples ; que depuis la memoire des
hommes les sept merveilles du monde sont peut-estre en plus grand nombre. On nous parle toûjours d'Alexan-
dre & d'Auguste, & peu des autres
Souverains ; si ce n'est peut-estre quelquefois des Constantins & des Theo-
doses.

Ainsi la conscience des Roys n'est
pas déchargée, parce que Dieu jugera enfin tous les hommes ; Non seulement ils ne sont point Roys s'ils ne
regnent, mais ils sont coupables, selon les instructions d'un Souverain
Pontife à l'Empereur Justin, de l'in-
juste administration de ceux à qui ils
ont resigné leur puissance ; C'est aux
Monarques à dispenser les recompen-
ses & les peines selon le merite, & à
preferer en toutes rencontres la Justice à la faveur. Dieu ne châtie pas seulement les Roys pour le mal qu'ils font,

Agap. ad
in. Imp.
enim illi
cram fe-
nt, eorum
onem Im-
tor red-
Deo, qui
andi fa-
atem ipsis
lserit,

mais pour le bien qu'ils ne font pas, & qu'ils font obligez de faire. Pour cela il faut beaucoup de difcernement ; Et parce que pour eftre Roy on ne laiffe pas d'eftre homme , & que la flaterie , la préfomption & la vanité font les ordinaires compagnes du Trône, c'eftoit judicieufement fait à Salomon , dont j'ay emprunté ces grandes maximes, d'appeller à tous fes confeils la fuprefme Sageffe qui gouverne le Monde entier , afin qu'elle l'affiftaft au gouvernement de la Paleftine. Autrement le moyen qu'un jeune Prince, comme il eftoit au commencement de fon regne, euft pû démefler les interefts de fon Eftat , & ceux des Princes étrangers ? Le moyen qu'en un âge où les paffions dominent fur les dominateurs de la Terre, il s'en puft rendre le maiftre, & ne point fe laiffer corrompre au vin , aux femmes, à l'ambition , & à fes flateurs ? Tout cela eft moralement impoffible , à moins que de vivre toûjours fous les yeux de Dieu, & fe mettre continuellement en fa prefence : à moins qu'un grand Monarque ne regarde pas

tant ce qu'il eſt à preſent ſur le Trône, que ce qu'il doit eſtre un jour dans
le ſepulchre, & devant le Tribunal du
Dieu vivant. Telles ſont les inſtructions
que Salomon a publiées, & qu'il ſe
repetoit ſouvent à ſoy-meſme. La prudence du ſiecle, qui eſt ſouvent une ti-
mide conſeillere, accommode ſes avis
aux paſſions des Souverains, & ſi la
premiere leçon des Courtiſans eſt de
ne rien dire qui ne plaiſe; Il faut eſtre
Roy, il faut eſtre Maiſtre, il faut eſtre
genereux & ſincere pour ne ſe pas par-
donner ſes propres defauts. Salomon,
comme nous avons veu ailleurs, décrit
ſes foibleſſes, ſes legeretez, ſes imper-
fections, & ſes vices; Il ſe repreſente à toutes les heures les illuſions, &
la vanité de la Cour: En un mot il
propoſe aux Potentats l'exemple d'un
Potentat égal à eux; l'exemple d'un
Prince humilié, d'un Roy penitent, &
leur en laiſſe faire l'application.

La Paleſtine fut heureuſe, riche, pai-
ſible & triomphante, tant que Salomon craignit le Seigneur, tant qu'il
remit entre ſes mains la conduite de
ſon Royaume, tant qu'il rendit juſti-

ce à ſes peuples, à l'imitation de celuy
qui la rend à toute la terre.

Toute l'Hiſtoire eſt remplie des re-
gnes infortunez de ceux qui ont ſuivy
des routes contraires, de ceux qui ont
crû que pour regner il faloit violer
tous droits divins & humains, & que
la vertu n'eſt point ſi belle que les
crimes couronnez.

C'eſtoit la politique des Heros de
Machiavel, perſuadez fortement que
l'on ne perit jamais pour eſtre mé-
chant, mais pour ne l'eſtre pas aſſez.
Ah ! que les corbeaux du torrent cre-
vent les yeux à ces impies politiques,
qui ne veulent pas diſtinguer entre les
uſurpateurs, & entre les Roys legitimes, qui n'ont pas beſoin de violence
ny d'artifices ſanglants pour regner
dans leur maiſon & ſur leurs ſujets ;
Que les Vautours & les fils de l'Aigle
les déchirent, ces artiſans d'empoi-
ſonnemens & d'aſſaſſinats, qui ont fait
des tyrans de leurs Princes de delà les
monts, qui ont donné droit aux plus
deteſtables crimes, & qui leur ont fait
paſſer vne vie pleine d'abominations &
de ſacrileges, parmy les trahiſons &

Prov. 30. v
Benei
cher filij
quilæ.

les perfidies fans foy, fans Religion, fans humanité. Leur impieté rafinée par une longue eftude de la fcience des ufurpateurs, & une horrible experience de la tyrannie, leur a enfin creufé le precipice où ils font eux-mefmes tombez.

La Mort marchoit devant, & l'Enfer la fuivoit.

Un Apoftre les a ainfi characterifez. Qui font ceux, demande-t'il, qui doivent eftre liés de chaifnes de feu, & de tenebres ? Ce font ces ames de chair & de fang, qui blafphement toûjours contre les faintes Veritez qu'elles ignorent : Ce font ces honneftes débauchés qui ne connoiffent que ce qui touche les fens, & ne connoiffent rien qu'ils ne corrompent. *Quæcumque ignorant blafphemant ; quæcumque autem naturaliter tanquam bruta animalia norunt, in iis corrumpuntur.*

La puiffance de ces monftres effroyables à leurs alliez & à leurs voifins, à leurs parens & à leur patrie, eft expirée non feulement dans l'infamie & dans le mépris, mais dans la rage & le defefpoir. Leur mort a efté fuivie

de l'execration, & de l'horreur de tous
leurs peuples : Louys Sforce, & Cesar
Borgia, regnerent & moururent ainsi,
l'un Duc de Milan, & l'autre d'Vr-
bin.

Que si l'Empire d'Auguste, cimenté
de tant de sang, a esté d'une si longue
durée, si par la ruïne, & par le carna-
ge de tant de millions d'hommes, &
par les proscriptions de tant de per-
sonnages Consulaires, il s'est fait une
large voye à la Monarchie de l'Univers ; Tous les Historiens déposent que
sa miserable grandeur a toûjours esté
chancelante, jusqu'à ce qu'elle ait esté
affermie par la clemence, & par l'e-
quité d'un regne si doux sur la fin,
qu'il fit dire à Rome triomphante,
qu'Auguste ne devoit jamais naistre,
ou qu'il ne devoit jamais mourir.

Pour Herode, car c'est encore à ce
qu'ils disent un autre exemple de l'impieté heureuse ; pour Herode, qui d'ailleurs estoit un homme extraordinaire,
& dont la magnificence a receu de si
grands eloges du plus éloquent des
Juifs, il seroit difficile à décider s'il a
esté plus cruel à son peuple, à ses pro-

ches, & à ses propres enfans, qu'il n'a
esté cruel à luy-mesme ; S'il a fait souffrir plus de mal qu'il n'en a souffert.
Certainement il a esté luy-mesme son
bourreau, apres avoir esté le meur-
trier de sa femme & de ses deux fils.

Cela répond assez, ce me semble,
à tous les murmures excités à la veuë
de la prosperité des impies ; Ils peuvent estre victorieux & triomphans ;
ils peuvent estre les maistres du monde, mais ils ne peuvent pas estre heureux.

Mortels n'admirez point la fortune trompeuse
Qui bastit aux Nerons une prison pompeuse,
Où leurs foibles esprits esclaves de leurs sens,
Font pour leur liberté des efforts impuissans ;
Sans cesse tourmentez du remords de leurs crimes
Ils sont des passions les premieres victimes,
Craignent autant d'humains qu'ils en ont fait
souffrir,
Et ne sçavent jamais ny vivre, ny mourir.
Il ne faut accuser que leur fureur extresme ;
Si l'homme porte un cœur cruel à l'homme mesme,
Si la noire discorde abandonne l'Enfer,
Et vomit sur la terre & la flamme & le fer:
Le Ciel en est absous, dont souvent la Iustice
En leur propre triomphe establit leur supplice,
Fait descendre en frayeur leur pompe au monu-
ment,
Et ne les peut souffrir heureux impunément.

C'est ce que je representois dans le

Theoclée aux faux difciples d'Epicure il y a prés de trente ans. Voicy la
decifion de ce Philofophe : *La raifon
vaut mieux fans la fortune ; que la fortune fans la raifon.* Le Grec a je ne
fçay quoy qui rencontre mieux, & qui
regarde les grands hommes ; mais les
grands hommes où fe trouvent-ils ?
κρεῖττον εὐλογίστως ἀτυχεῖν, ἢ ἀλογίστως εὐτυχεῖν.
Le Sage donne fa volupté en garde à
la Tempérance , & fe met au deffus
de la Fortune & de l'Envie.

D'un port inviolable ainfi que les autels,
Comme joüets des vẽts fur les humides plaines,
Il void le refte des mortels.

Mais quoy qu'il en foit d'Epicure ;
n'eft-il pas vray que l'Ecclefiafte a-
voit bien raifon de dire , qu'en toutes chofes il faut regarder la fin ? Cependant parce que la foudre ne tombe pas fur les grands coupables, toutes les fois qu'ils commettent des in-
juftices, le vulgaire les croit heureux.
C'eft ce qui fait perdre aux méchans
la crainte des jugemens de Dieu ; Et
toutefois de ce que le Seigneur par-
donne cent fois à ceux qui l'ont cent

fois offenſé ; c'eſt ce qui me fait connoiſtre, dit Salomon, que les hommes qui craignent Dieu ſeront bien-heureux. Faſſe le Ciel qu'il n'arrive jamais de veritable bien à l'impie ; que ſes jours ſe diſſipent comme la fumée, & que tous ces ingrats periſſent qui ne craignent point de pecher en la preſence de leur Souverain bien-faicteur.

cl. 8. v. 13.
Non ſit bo-
num impio.

Ce n'eſt pas là une ſimple imprecation, c'eſt une prophetie ; c'eſt l'Arreſt & la condamnation de tous les Princes reprouvez. Le ſage & le juſte Roy des trois Paleſtines a eſté bien mieux inſtruit dans la grandeur de regner, que tous ces fleaux du genre humain. On a remarqué à ſa gloire qu'il avoit un amy fidelle que l'on appelloit l'œil du Roy, lequel ſans crainte & ſans jalouſie l'informoit de toutes choſes. Cette charge, diſoit un éloquent Prelat de noſtre temps, eſt maintenant ſupprimée à la Cour ; & ſi on la vouloit faire revivre, je ne ſçay qui l'oſeroit acheter. La verité, diſoit le Confeſſeur de Henry le Grand, n'entre non plus dans le ca-

binet

net des Princes, que l'argent entre dans leur coffre. Le premier soin de Salomon estoit de la bien connoistre, cette sainte & cette salutaire verité. Il se faisoit premierement justice à soy-mesme, avant que de la faire aux autres; L'Eternel, disoit-il souvent en son cœur, est le Juge incorruptible qui jugera les jugemens des Magistrats & des Souverains : Comme il penetre les cœurs, & sonde les plus secretes & les plus profondes pensées, il rendra à chacun des hommes le salaire qu'il a merité.

Le premier jour que Salomon monta sur le Trône, il receut cette instruction de son pere ; Il fut instruit de ce regne eternel, de ce regne redoutable à tous les Princes, quand Dieu prendra la possession de son Empire, quand il arrachera la domination de la Terre & de la Mer de tant de mains infidelles, qui font servir à leur vanité ce qu'il n'avoit destiné que pour sa gloire.

Le dessein du tableau qu'en a fait David est admirable, l'expression vive & touchante ; Il ne faut que le

D

regarder pour entendre ſes ſalutaires leçons ; Sa plume eſt le pinceau qu'il employe, & ce pinceau eſt manié par la main de ce grand Peintre, qui s'eſt peint luy-meſme dans le Soleil. Vous voyez ce grand Roy tout hors de luy-meſme, les genoux en terre, les mains jointes, les yeux levez au Ciel ; Il chante une eſpece d'Hymne à la Juſtice de Dieu, dans l'épouvantable attente de cette terrible journée qui decidera de l'Eternité. La frayeur de ce Prince, que Dieu toutefois a trouvé ſelon ſon cœur, ne peut eſtre diſſipée par tant de promeſſes, ny par tant d'oracles du Ciel qui l'ont aſſuré de ſa grace. Oſeroit-on demander ce qu'il craint ſi terriblement ? Il craint que la condamnation d'enhaut ne tombe ſur l'endurciſſement de ſon cœur, & ne frape d'un eternel anathême ſon impenitence finale. On le juge par ces paroles qui ſortent de ſa bouche avec les gemiſſemens de ſon cœur : *Iniquitas calcanei mei circumdabit me.* D'abord il n'oſe parler clairement là deſſus, & ne s'explique que par enigmes. Enfin il s'exprime plus

clairement, & parle ainſi : *Au jour ef-*
froyable de l'indignation du Seigneur, la
force & l'opulence ne ſauveront pas les
opulens & les forts, l'or & l'argent ne
feront point la compenſation d'une ame ;
Le nom des puiſſans ſera écrit ſur la
pouſſiere & diſſipé par la tempeſte. Déja
les fondemens du monde ſont ébranlez,
les Cieux & la Terre s'enfuyent, & les
abyſmes de l'Enfer ſont ouverts pour en-
gloutir les impies. Mais le dernier coup Pſal. 96. v.
de deſeſpoir qui accable les Nations & Iuſtitia & ju
leurs Princes, c'eſt que la Iuſtice éter- dicium co
nelle eſt la baze du Tribunal de ce Iuge reo ſedis eju
tonnant & foudroyant, de ce Iuge in- Heb. mecon
flexible & inexorable. Riſao. baſis
fundamentũ
throni ejus.
Genebr.

    Le puiſſant Roy des Roys, & le Maiſtre de tout
    Se fait oüir de l'un à l'autre bout
    De l'onde & de la terre ;   Pſal. 49.
    Il nous va prononcer ſon jugement final, M. de Racan
    Sa voix comme un tonnerre
    Cité tous les mortels devant ſon Tribunal.

~✤~

    Sa haute Majeſté ſe rend viſible à tous,
    De toutes parts on entend ſon couroux
    Gronder ſur noſtre teſte :
    Il chemine à grands pas ſur tous les elemens,
        La foudre & la tempeſte
    Sont les executeurs de ſes commandemens.

D ij

Aprés de si terribles leçons que
Salomon avoit entenduës de la bouche de son pere, & de son pere mou-
rant ; je ne m'estonne pas si l'Ecclesiaste est comme une confession ge-
nerale , que ce fameux penitent faisoit de ses crimes. Mais je m'eston-
nerois de ceux qui auroient des yeux
& ne voudroient pas voir une verité
si estonnante , attestée par de si il-
lustres témoins. Quel reproche pou-
roient-ils donner contre deux Roys,
dont la pieté & la sagesse sont les
plus beaux exemples des Princes ?
Deux Roys qui avertissent tous ceux
que la jeunesse & la volupté sedui-
sent ; que la jeunesse & la volupté
sont choses vaines , & qu'au Tribunal du Dieu vivant on doit enfin rendre compte de ses actions & de ses
pensées ; Deux Roys qui apprennent
à tous les autres , que la souveraine
puissance est souvent tres-dangereu-
se à ceux-mesme qui la possedent, &
que si elle n'est moderée par la raison , elle dégenere en violence & en
cruauté ; Deux Roys convaincus par

eux mefmes , que la licence de mal
faire n'eft pas pouvoir , mais impuif-
fance , puifque Dieu tout-puiffant ne
peut pecher ; & que fi la Loy de
l'Eftat ne s'ajufte à la Loy fuprefme,
ce qui paroift authorité & grandeur,
n'eft que ruine & precipice, n'eft que
defordre & confufion. *Dieu*, difoit
l'Ecclefiafte , ce Predicateur par excellence , *appellera le jufte & l'injufte*
en jugement ; il fondera le plus profond
abyfme des cœurs , & revelera les chofes
cachées.

Mais comment eft-ce que Dieu ap-
pelleroit en jugement le jufte & l'impie , fi Dieu ne les connoiffoit pas ?
Et comment les connoiftroit-il s'il
n'avoit point de providence ? Comment auroit-il de la providence , fi
la vertu n'eftoit jamais recompenfée,
fi le vice n'eftoit jamais puny ? Allons
encore plus loin. Comment eft-ce
qu'aprés la mort Dieu jugera les
bons & les méchans , fi les bons &
les méchans ne fubfiftent plus aprés
la mort ? Il faut donc , felon les in-
ftructions que Salomon nous a don-

nées , que l'ame demeure aprés la dissolution du corps ; il faut que l'ame soit immortelle. Certainement on ne peut mieux convaincre ceux qui imputeroient à Salomon d'en avoir douté, que de leur faire voir le contraire par les raisonnemens & les propres termes de Salomon. C'est le sujet du discours suivant.

F I N.

Gustav